BEI GRIN MACHT SICH IHI
WISSEN BEZAHLT

- Wir veröffentlichen Ihre Hausarbeit,
  Bachelor- und Masterarbeit

- Ihr eigenes eBook und Buch -
  weltweit in allen wichtigen Shops

- Verdienen Sie an jedem Verkauf

Jetzt bei www.GRIN.com hochladen
und kostenlos publizieren

Bibliografische Information der Deutschen Nationalbibliothek:

Die Deutsche Bibliothek verzeichnet diese Publikation in der Deutschen National-
bibliografie; detaillierte bibliografische Daten sind im Internet über http://dnb.d-
nb.de/ abrufbar.

Impressum:

Copyright © 2016 GRIN Verlag, Open Publishing GmbH
Druck und Bindung: Books on Demand GmbH, Norderstedt Germany
ISBN: 978-3-668-21909-0

Dieses Buch bei GRIN:

http://www.grin.com/de/e-book/321594/erp-in-der-praxis-kundensuche-in-einem-
sap-r-3-system-anhand-der-kundennummer

Marvin Kanal

Aus der Reihe: e-fellows.net stipendiaten-wissen

e-fellows.net (Hrsg.)

Band 1813

ERP in der Praxis. Kundensuche in einem SAP R/3-System anhand der Kundennummer

SAP Web Dynpro Anwendung am Beispiel der KNA1 mit einem geeigneten BAPI-Call

GRIN Verlag

Prüfungsleistung in der Veranstaltung
ERP-Systeme in der Praxis

im Studiengang
Wirtschaftsinformatik und E-Business

an der
Hochschule Ravensburg-Weingarten

Wintersemester 2015 - 2016

Entwicklung der ABAP-Anwendung
Kundensuche KNA1 mit SAP
Webdynpro ABAP

Name, Vorname: Kanal, Marvin

Abgabetermin: 26.02.2016

Inhaltsverzeichnis

Abbildungsverzeichnis

Tabellenverzeichnis

Abkürzungsverzeichnis

Abkürzung	Bezeichnung
ERP-System	Enterprise-Resource-Planning-System
Z.B	Zum Beispiel
Bzw.	Beziehungsweise
ABAP	Advanced Business Application Programming

1 Einführung

SAP ist der Weltmarktführer von Standardsoftware. Bis vor 10 Jahren wurden alle SAP-Technologien auf Basis der *WEB-Dynpro-Technologie* entwickelt. Auch wenn diese Technologie heutzutage von SAP nicht weiter entwickelt wird ist Ihre Bedeutung nicht von der Hand zu weisen.

Aus diesem Grund wurde folgende wissenschaftliche Ausarbeitung für das Fach *ERP-Systeme in der Praxis* als Prüfungsleistung ausgearbeitet.

1.1 Problemstellung

Im Rahmen dieser Projektarbeit wurden die Studierenden beauftragt, eine Kundensuche mittels *SAP Webdynpro ABAP-Technologie* zu entwickeln. Dieses Programm soll dem Benutzer die Möglichkeit eröffnen, eine Kundensuche anhand des eindeutigen Schlüssels, der Kundennummer, durchzuführen.

1.2 Aufbau

Diese wissenschaftliche Arbeit untergliedert sich in drei große Teile. Das erste Kapitel bildet den Einleitungsteil und das zweite Kapital gibt einen theoretischen Einblick in die Thematik. Es werden an dieser Stelle die Technologien vorgestellt, die als Basis für die Umsetzung verwendet wurden. Das dritte Kapitel bildet den Kern der wissenschaftlichen Arbeit. Hierbei erfolgt vertiefend eine Dokumentation der Anwendung in acht Unterkapitel. Das folgende Kapitel schließt die wissenschaftliche Arbeit ab und gibt in Form einer kritischen Würdigung und eines Fazits Aufschluss darüber, welches Wissen mit dem der Umsetzung angeeignet werden konnte.

1.3 Ziele

Das Ziel der wissenschaftlichen Arbeit ist es mit Hilfe von WebDynpro ABAP spezielle Kundeninformationen aus einem SAP R/3-System anhand der Kundennummer auszulesen. Teil der Prüfungsleistung ist es die Umsetzung ausführlich für Dritte zu dokumentieren.

1.4 Abgrenzung

Nur die Kundensuche für die Kundenstammtabelle KNA1 ist Bestandteil der vorliegenden wissenschaftlichen Ausarbeitung.

So lautet die Problemstellung wie folgt: „Wie wurde eine Kundensuche die Kundeninformationen anhand der Kundennummer ausgibt umgesetzt? Welche einzelnen Technologien wurden eingesetzt und wie war die Vorgehensweise bei der Umsetzung?"

2 Technologien

Alle in der Prüfungsleistung verwendeten Technologie-Komponenten welche in dieser Prüfungsleistung genutzt wurden, werden an dieser Stelle erläutert, um eine gemeinsamen Wissensstand zu schaffen.

2.1 SAP ERP

Ein *ERP-System* dient der funktionsbereichsübergreifenden Unterstützung sämtlicher Geschäftsprozesse in einem Unternehmen. Entsprechend enthält es Module für die wichtigsten Bereiche in einem Unternehmen, die auf eine gemeinsame Datenbasis zugreifen. [1]

SAP ist weltweit Marktführer für *ERP* welche diverse unterschiedliche Technologien integriert. [2]

2.2 Web Dynpro

Eine der Technologien welche *SAP ERP* beinhaltet ist das Web Dynpro ABAP. Bis zum Jahr 2005 erfolgte die Entwicklung nahezu aller SAP Applikationen auf Basis der klassischen Dynpro-Technologie. Das *Web Dynpro ABAP* oder auch *Web Dynpro für ABAP* ist die Standard-UI-Technologie von SAP, die im Rahmen der Net-Weaver-Strategie eingeführt wurde.

Das *Web-Dynpro-Konzept* von SAP geht von dem Konzept aus, ein modellgetriebenes Framework aufzubauen, das es ermöglicht, schnell wiederverwendbare und kombinierbare Applikationen zu entwickeln. Die Technologie besteht aus der Laufzeitumgebung und einer *grafischen Entwicklungsumgebung (SE80)* mit zugehörigen Werkzeugen, die in die *Entwicklungsumgebung* integriert sind. [3]

Mit der Einführung dieser Technologie brachte SAP im Jahr 2005 eine moderne, objektorientierte, webbasierende Entwicklungsumgebung auf den Markt. Im Unterschied zur klassischen *Dynpro-Technologie* benötigt der Entwickler ausschließlich einen Webbrowser um *Web-Dynpro-Anwendungen* zu nutzen. [4]

2.2.1 Web Dynpro Components

Die Component (In dieser Ausarbeitung: *CUSTOMERWINDOW*) ist die zentrale, wiederverwendbare Einheit eines Anwendungsprojektes. Es ist ein Container der alle Teile zusam-

---

[1] vgl. http://wirtschaftslexikon.gabler.de/Definition/enterprise-resource-planning-system.html
(Abfrage 12. Februar 2016).

[2] vgl. http://news.sap.com/germany/2006/07/04/sap-ist-weltweit-marktfuhrer-fur-erp-crm-und-scm/
(Abfrage 12. Februar 2016).

[3] vgl. https://help.sap.com/saphelp_erp60_sp/helpdata/de/77/3545415ea6f523e10000000a155106/content.htm
(Abfrage 12. Februar 2016).

[4] vgl.: Schwaiger R., Web Dynpro ABAP, S. 27 ff

menfasst, die im Rahmen einer ausführbaren *Web -Dynpro-Anwendung* erforderlich sind. Dazu zählen *Component-Controller, Component-Interface, Views, Windows* und die *Web-Dynpro-Anwendung*. Durch das Konzept der *Web-Dynpro-Komponenten* ist es möglich die Programmierung zu strukturieren und führt dazu, dass ganze Programmteile wiederverwendet werden können. In der *Component* können beliebig viele *Views* angelegt und in ebenfalls beliebig vielen *Windows* strukturiert werden. [5]

2.2.2 Web Dynpro Component Controller

Der *Component-Controller* stellt Daten, Attribute und Verarbeitungslogik zur Verfügung, die für alle *Views* einer *Component* (In dieser Ausarbeitung: *ZCUSTOMSEARCH*) genutzt und aufgerufen werden können. Somit werden durch den *Component-Controller* die Modelle mit dem *View-Controller* verbunden und ebenso der Ablauf der Anwendung gesteuert. [6]

2.2.3 Web Dynpro Window

Jede *Web-Dynpro-Component* (In dieser Ausarbeitung: *ZCUSTOMSEARCH*) besitzt mindestens ein *Web Dynpro Window* (In dieser Ausarbeitung: *CUSTOMERSELECTION* und *PO-PUPWINDOW*) indem die *Views* (In dieser Ausarbeitung: *CUSTOMERSEARCH, HELPVIEW* und *POPUP*) eingebettet und strukturiert werden. Innerhalb des *Windows* (In dieser Ausarbeitung: *CUSTOMERSELECTION* und *POPUPWINDOW*) können durch die Verbindung der verschiedenen *Views* (In dieser Ausarbeitung: *CUSTOMERSEARCH, HELPVIEW* und *PO-PUP*) eine *Navigation* (Inbound- bzw. Output-Plugs) ermöglicht werden. [7]

---

[5] vgl.
http://help.sap.com/erp2005_ehp_04/helpdata/de/d6/c62441fa9eaa31e10000000a1550b0/content.htm?frameset=/de/48/44494
1db42f423e10000000a155106/frameset.htm&current_toc=/de/fc/501b42b5815133e10000000a155106/plain.htm&node_id=32
(Abfrage 12. Februar 2016).

[6] vgl.
http://help.sap.com/erp2005_ehp_04/helpdata/de/e2/434941db42f423e10000000a155106/content.htm?frameset=/de/1d/5d494
1c93f2004e10000000a155106/frameset.htm&current_toc=/de/fc/501b42b5815133e10000000a155106/plain.htm&node_id=40&
show_children=false
(Abfrage 12. Februar 2016).

[7] vgl. http://help.sap.com/erp2005_ehp_04/helpdata/de/1d/5d4941c93f2004e10000000a155106/content.htm
(Abfrage 14. Februar 2016).

2.2.4 Web Dynpro View

Eine *View* (In dieser Ausarbeitung: *CUSTOMERSEARCH, HELPVIEW* und *POPUP*) ist der visuelle Teil einer Component in dem Layout- und Dialogelemente angeordnet werden können. Es enthält die eigentlichen Eingabe- und Bedienelemente, wie beispielsweise Buttons, Tabellen und Grafiken, die zur Laufzeit im Webbrowser angezeigt werden.

Neben den UI-Elementen besitzt jede *View* (In dieser Ausarbeitung: *CUSTOMERSEARCH, HELPVIEW* und *POPUP*), analog zu einer *Component* (In dieser Ausarbeitung: *ZCUSTOMSEARCH*), exakt einen *View-Controller* welcher die Reaktion auf Benutzeraktionen ermöglicht. Ein *View-Controller* enthält unter anderem Attribute, *Navigation-Plugs* (Inbound- bzw. Output-Plugs), Methoden, Aktionen und einen Context zum Datenaustausch zwischen dem Benutzeroberfläche und dem Controller (In dieser Ausarbeitung: *ZCUSTOMSEARCH).* [8]

2.2.5 Web Dynpro Context

Der *Context* ist der globale, zentrale Baustein und Datenspeicher für den Datenaustausch von UI-Daten zwischen den Bausteinen eines *Web Dynpros.*

Die Hauptaufgabe des *Contexts* ist der Datenaustausch zwischen dem Backend und dem Browser. Eine weitere bedeutsame Besonderheit des *Contexts* ist die Bindung der Daten. Dadurch wird es ermöglicht, dass bestimmte Eigenschaften von UI-Elementen an *Context-Attribute* gebunden werden. Beispielsweise, dass das Ereignis eines UI-Elements (In dieser Ausarbeitung: *Typ -Button)* eine *Navigation* anstößt oder eine *Event-Aktion* (In dieser Ausarbeitung: *Methode – ONACTIONGET_CUSTOMER)* ausführt und in einem anderen UI-Element anzeigt (In dieser Ausarbeitung: *Typ - Tabelle).*

Mithilfe des *Mappings* können UI-Daten des *Context* zwischen den *Controllern einer Component* und auch zwischen *Components* ausgetauscht werden und ein automatischer Datenabgleich zur Laufzeit ermöglicht werden. [9]

2.2.6 Web Dynpro Anwendung

Web Dynpro-Anwendungen stellen Einstiegspunkte in Components dar. In der praktischen Umsetzung waren diese für das Testen neben dem Debugger unerlässlich. Eine Anwendung besteht aus einer vom Webbrowser aufrufbaren *Serveradresse* (In dieser Ausarbeitung: *http://m06z.hcc.uni-magdeburg.de:8006/sap/bc/webdynpro/sap/zcustomersearch*), die intern

---

[8] vgl. Schwaiger R., Web Dynpro ABAP, S. 64 ff.

[9] vgl. http://help.sap.com/erp2005_ehp_04/helpdata/de/48/444941db42f423e10000000a155106/content.htm
(Abfrage 18. Februar 2016).

mit der Startview (In dieser Ausarbeitung: *CUSTOMERWINDOW*) der *Component* (In dieser Ausarbeitung: *ZCUSTOMSEARCH*) verknüpft ist. [10]

3 Struktur des Web Dynpros

Der Kunde kann einen Kunden und die zugehörigen Informationen anhand der *Kundennummer* auslesen. Diese *Kundennummer* welche im Eingabefeld eingegeben wird ist mit einer Query über das *Data Binding* verbunden und wird dann mit *der Kundennummer* der Kundendatentabelle *O_KNA1* verglichen.

Als Einstiegsseite dient die View *CUSTOMERSEARCH*. Der Benutzer wird nach Eingabe der *Kundennummer* auf die View *HELPVIEW* navigiert. Hier hat der Kunde die Möglichkeit sich die Kundeninformationen über den Button „*Kundeninformationen anzeigen*" darstellen zu lassen, dabei wird der Benutzer über einen *Outbound-Plug* auf die View *CUSTOMERSEARCH* zurücknavigiert. In einer Tabelle, welche über *Data Binding* an die Tabelle *O_KNA1* verbunden ist, werden die gewünschten Kundeninformationen zu dem gesuchten Kunden ausgegeben.

Sollte eine *Kundenummer* nicht gefunden werden, hat der Benutzer die Möglichkeit den zuständigen *Servicemitarbeiter zu kontaktieren* oder eine *neue Suche* zu starten.

Wenn der Benutzer den *Servicemitarbeiter kontaktieren* möchte, wird der Benutzer über einen *Outbound-Plug* auf die View *POPUP* geführt. Hier erhält der *Benutzer die Kontaktinformationen des Servicemitarbeiters.*

Folgende Kundeninformationen wurden für die Anzeige der *Kundensuche* ausgewählt. Wichtig war, dass dem Benutzer ein schneller Überblick zu dem Kunden gegeben wird. Ebenso sollen nicht notwendige Kundeninformationen z.B. KNC1-GJAHR (*Geschäftsjahr*) nicht mit angezeigt werden.

Tabelle 1 Gesuchte Kundeninformationen[11]

Feld	Beschreibung
KNA1-KUNNR	Debitorennummer
KNA1-LAND1	Länderschlüssel
KNA1-NAME1	Name
KNA1-NAME2	Name 2

---

[10] vgl. https://help.sap.com/saphelp_nw70ehp2/helpdata/de/48/ef1935669c404ce10000000a42189b/content.htm (Abfrage 18. Februar 2016).
[11] Eigene Darstellung.

3.1 Schematische Darstellung der Web-Dynpro- Component

Die untenstehenden Abbildungen zeigen das aggregierte Gesamtwerk des umgesetzten *Web Dynpros* zur Kundensuche der Kundentabelle KNA1. Das Zusammenspiel zwischen *Web Dynpro Component* (In dieser Ausarbeitung: *ZCUSTOMSEARCH*), dem *Component Controller* und den *Views* (In dieser Ausarbeitung: *CustomerSearch, HelpView* und *Popup*) wird hier in seinem Gesamtumfang ersichtlich. Außerdem wird das *Mappen des Contextes* im *Compenent Controller* und den *Views* (In dieser Ausarbeitung: *CustomerSearch, HelpView* und *Popup*) über Pfeile dargestellt und gibt Dritten gegenüber wichtige Aufschlüsse bezüglich der Funktionsweise. Auch das *Data Binding* bzw. wie durch *Aktionen* die *Methoden* aufgerufen werden wird ausführlich in der untenstehenden Abbildung veranschaulicht. Zur Laufzeit wird beispielsweise durch das *Data Binding* der Wert des *Context-Elementes* angezeigt oder der Inhalt eines Eingabefeldes vom Bildschirm in das zum *View-Element* gehörige *Context-Element* transportiert.

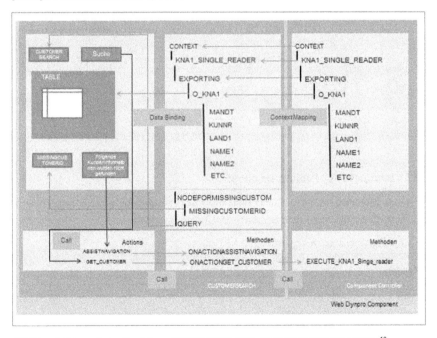

Abbildung 3 Schematische Darstellung ZCUSTOMSEARCH - VIEW CUSTOMERSEARCH [12]

---

[12] Eigene Darstellung.

Die untenstehende Abbildung ergänzt das Modell des Gesamtwerkes um die Views *HELPVIEW* und *POPUP*.

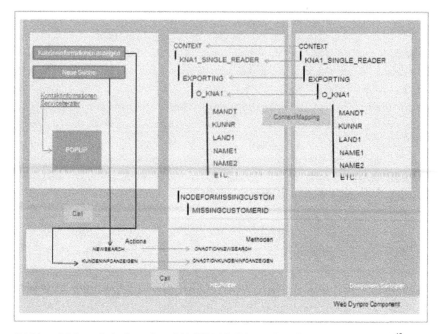

Abbildung 4 Schematische Darstellung ZCUSTOMSEARCH - VIEW HELPVIEW UND POPUP [13]

3.2 Informationen Prüfungsleistung

Die untenstehenden Informationen identifizieren das erstellte Web Dynpro und die Prüfungsleistung die für das Wintersemester 2015 -2016 erbracht wurden.

Tabelle 2 Informationen Prüfungsleistung [14]

Mandant	201
USER	ABAP-013
Paket	ZWS2015-013_Examination
WEB-DYNPRO COMPONENT	ZCUSTOMSEARCH
URL Web-Dynpro-Anwendung	http://m06z.hcc.uni-magdeburg.de:8006/sap/bc/webdynpro/sap/zcustomsearch?sap-client=201&sap-language=DE#

---

[13] Eigene Darstellung.

[14] Eigene Darstellung.

4 Dokumentation

Die nachfolgende Dokumentation gibt Aufschluss über die Vorgehensweise und Umsetzung. In der *Entwicklungsumgebung (SE80)* wurde die Web-Dynpro-Component *ZCUSTOMSE-ARCH* erstellt. Neben dem Namen wurden eine Beschreibung sowie die erste View *CUSTOMERSEARCH* angelegt, welche in das Window *CUSTOMERSELECTION* eingebettet wurde. Die untenstehende Abbildung zeigt die Struktur die in dieser Prüfungsleistung angelegt wurde.

Abbildung 5 Struktur Web-Dynpro-Component ZCUSTOMSEARCH [15]

4.1 Function Builder

Um zu prüfen welcher Funktionsbaustein passend ist, wurde der Function Builder angewandt. Die Transaktion SE37 (*Function Builder*) ist die zentrale Transaktion, um Funktionsbausteine zu prüfen und ein Verständnis für die Funktionsweise und Struktur zu erhalten. Dieser Schritt war notwendig um den Funktionsbaustein *KNA1_SINGLE_READER* aus der Vielzahl der Funktionsbausteine auszuwählen, genauer zu analysieren und richtig einzusetzen.

Abbildung 6 Function Builder [16]

---

[15] Eigene Darstellung.

In der untenstehenden Abbildung wird gezeigt wie der Funktionsbaustein *KNA1_SINGLE_READER* im Einzelnen funktioniert. Der Import-Parameter *I_KUNNR* verweist dabei auf einen zugehörigen Kundendatensatz.

Abbildung 7 Funktionsweise Funktionsbaustein: KNA1_SINGLE_READER [17]

Der Funktionsbaustein *KNA1_SINGLE_READER* prüft die Existenz eines Kundenstammsatzes anhand der Kundennummer. Dieser Funktionsbaustein liest aus der *kna1* den Eintrag zu der angegebenen Debitorennummer und schreibt ihn in den Exportparameter *o_kna1*.

Existiert kein passender Eintrag in der KNA1, erfolgt eine Fehlermeldung bzw. die Exception *not_found* wird ausgelöst. Um diese Fehlermeldung zu umgehen, wurde der Programmcode von dem Student Marvin Kanal angepasst.

4.2 Service Aufruf

Der nächste Schritt war das Erstellen eines *Service Aufrufs*. Dabei wurden der Component *ZCUSTOMERSEARCH* und der existierende *COMPONENTCONTROLLER* ausgewählt. Da man den Service Aufruf als Funktionsbaustein nutzen wollte, hat man das Entsprechende im Web Dynpro-Wizard ausgewählt. Das *ABAP kna1_single_reader Funktionsmodul* wurde verwendet, um die Existenz eines Kundendatensatzes in der *SAP KNA1 Kundentabelle* zu überprüfen, und um die Kundennummer mit Kundendaten sowie Adressdaten später zurück zu geben. Nun ist es nötig die Kundennummer zum Objekttyp Parameter zu ändern, da dieser auch von der Struktur ein Import-Parameter ist.

Abbildung 8 Erstellen Service-Aufruf [18]

Nach Abschluss des *Web Dynpro Code Wizard* sind jetzt alle Tabellen verfügbar. Anschließend werden die Tabellen von dem *Componentcontroller* auf den *Context* der *Views* gemappt.

---

[18] Eigene Darstellung.

Abbildung 9 Verfügbare Tabellen nach Service Aufruf [19]

4.3 View: CUSTOMERSEARCH

Die View *CUSTOMERSEARCH* wird im Browser folgendermaßen dargestellt (siehe untere Abbildung). Die Methode *ONACTIONGET_CUSTOMER*, welche durch das Betätigen des Buttons *„Suche"* ausgeführt wird, gibt nach Eingabe der *Kundennummer* zusätzlich das Land in dem der Debitor tätig ist und den Namen aus. Der Button *„Folgende Kundennummer fehlt"* führt die Methode *ONACTIONASSISTNAVIGATION* aus.

Abbildung 10 View CUSTOMERSEARCH [20]

---

[19] Eigene Darstellung.

[20] Eigene Darstellung.

4.4   Methode ONACTIONGET_CUSTOMER

In der untenstehenden Abbildung ist ersichtlich wie die Suche und das Anzeigen der Kundeninformation durch die Methode *ONACTIONGET_CUSTOMER* ausimplementiert wurden.

```
METHOD onactionget_customer .

DATA lo_el_context TYPE REF TO if_wd_context_element.
DATA ls_context TYPE wd_this->element_context.
DATA lv_query TYPE wd_this->element_context query.


IF lo_el_context IS INITIAL.
wd_this->fire_assist_plg(
).

ENDIF.


* get element via lead selection
lo_el_context = wd_context->get_element( ).
* @TODO handle not set lead selection
IF lo_el_context IS NOT INITIAL.

ENDIF.
IF lo_el_context IS NOT INITIAL.
* get single attribute
lo_el_context->get_attribute(
EXPORTING
name = QUERY
IMPORTING
value = lv_query ).

ENDIF.


IF lv_query IS NOT INITIAL.

DATA lo_componentcontroller TYPE REF TO ig_componentcontroller .
lo_componentcontroller = wd_this->get_componentcontroller_ctr( ).


lo_componentcontroller->execute_kna1_single_reader(
i_kunnr = lv_query

).

ENDIF.
IF lo_componentcontroller IS INITIAL.

EXIT.

ENDIF.


ENDMETHOD.
```

Abbildung 11 Methode ONACTIONGETCUSTOM [21]

4.5   View: HELPVIEW

Die View *HELPVIEW* wird im Browser folgendermaßen dargestellt (siehe untere Abbildung). Auch wenn die View *CUSTOMERSEARCH* die Einstiegsseite war, so ist die View *HELPVIEW* die eigentliche Menüseite. Der Benutzer hat die Möglichkeit über den Button *„Kundeninformationen anzeigen"* zurück zu der View *CUSTOMERSEARCH* zu navigieren und die gesuchten Kundeninformationen zu der Kundennummer anzeigen zu lassen. Über den Button *„Neue Suche"* wird der Benutzer zurück auf die View *CUSTOMERSEARCH* navigiert und hat die Möglichkeit erneut eine Suche durchzuführen. Über den Link *„Kontaktinformationen Serviceberater"* wird die Mail-Adresse des Serviceberaters angezeigt, um diesen über eventuelle fehlende Kundennummern zu befragen.

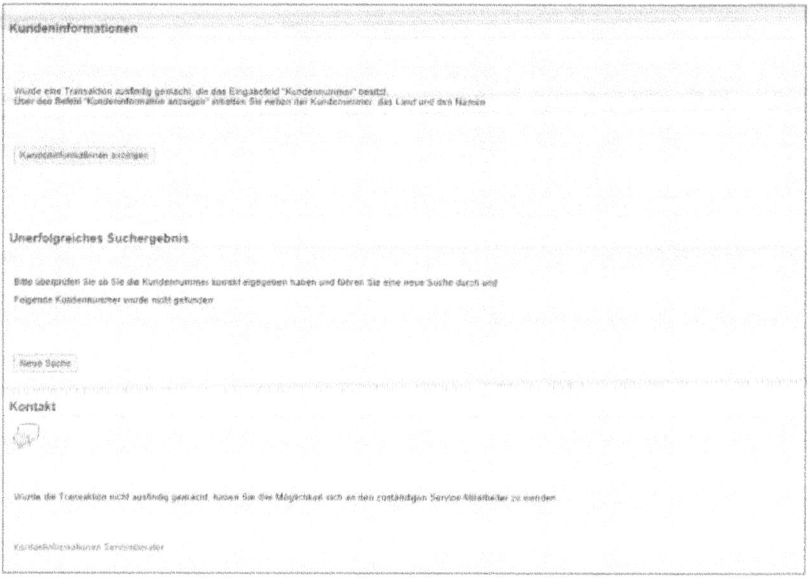

Abbildung 12 View HELPVIEW [22]

---

[21] Eigene Darstellung.

[22] Eigene Darstellung.

4.6 Methode ONACTIONOPENPOPUP

In der untenstehenden Abbildung ist ersichtlich wie der Aufruf der POPUP-View *POPUP* *durch die* Methode *ONACTIONOPENPOPUP* ausimplementiert wurde.

```
method ONACTIONOPENPOPUP .


DATA lo_window_manager TYPE REF TO if_wd_window_manager.
DATA lo_api_component TYPE REF TO if_wd_component.
DATA lo_window    TYPE REF TO if_wd_window.
DATA lt_buttons   TYPE wdr_popup_button_list.
DATA ls_canc_action  TYPE wdr_popup_button_action.

lo_api_component   = wd_comp_controller->wd_get_api( ).
lo_window_manager  = lo_api_component->get_window_manager( ).
* create the cancel icon, but without any action handler
ls_canc_action-action_name = ''.
* Simple example, see docu of method create_and_open_popup for details
lt_buttons   = lo_window_manager->get_buttons_ok(
* default_button  = if_wd_window=>co_button_ok
).

lo_window   = lo_window_manager->create_and_open_popup(
window_name  = 'POPUPWINDOW'

title   = 'Verantwortlicher Mitarbeiter'
message_type  = if_wd_window=>co_msg_type_none
message_display_mode = if_wd_window=>co_msg_display_mode_selected
* is_resizable  = ABAP_TRUE
buttons  = lt_buttons
cancel_action = ls_canc_action
)


endmethod.
```

Abbildung 13 Methode ONACTIONOPENPOPUP [23]

4.7 View: POPUP

Die View *HELPVIEW* wird im Browser folgendermaßen dargestellt (siehe untere Abbildung). Diese View ist als POPUP implementiert, welche durch den Link „*Kontaktinformationen Serviceberater*" oder durch das Eingeben einer falschen Kundennummer aufgerufen wird.

Abbildung 14 POPUP View [24]

4.8 Navigation View CUSTOMERSEARCH und HELPVIEW

Die untenstehende Abbildung zeigt wie die Navigation innerhalb des Windows *CUSTOMER-SELECTION* funktioniert.

Die eingebettete View *CUSTOMERSEARCH* des einbettenden Windows *CUSTOMERSEL-ECTION* kann über das Outbound-Plug *ASSIST* hin verlassen und über das Inbound-Plug *NEWSEARCH* betreten werden.

Die eingebettete View *HELPVIEW* des einbettenden Windows *CUSTOMERSELECTION* kann über das Outbound-Plug *NEWSEARCH* hin verlassen und über das Inbound-Plug *ASSIST* betreten werden.

Abbildung 15 Navigation Window-Struktur CUSTOMERSELECTION [25]

---

[23] Eigene Darstellung.

[24] Eigene Darstellung.

[25] Eigene Darstellung.

5 Kritische Würdigung der Projektarbeit

Dieses Kapitel beinhaltet eine kritische Würdigung der Prüfungsleistung. Es stellt Stärken und Schwächen gegenüber, um leitet abschließend ein Fazit daraus ab.

5.1 Stärken

Eine der Stärken dieser Projektarbeit ist das Entwickeln einer Lösung in SAP. Dadurch war es möglich, viele Kenntnisse über die Funktionsweise von SAP und im speziellen der *Web-Dynpro-Technologie* sich aneignen zu können. Auch wenn die *Web Dynpro Technologie* nicht mehr weiter entwickelt wird, benötigen Anpassungen und Ergänzungen von derzeitigen SAP Technologien Kenntnisse im Bereich Web Dynpro. Ebenso hatte man Möglichkeit sich in die Thematik *Web Dynpro for ABAP* und damit einen wichtigen Schritt in Richtung SAP-Berufseinstig zu gehen. Da viele Wirtschaftsinformatiker vorhaben, im Bereich SAP beruflich tätig zu sein, sind solche neuen Kenntnisse von sehr großer Bedeutung und somit unverzichtbar für Studierende und angehende SAP-Berufseinsteiger.

5.2 Schwächen

Die Umsetzung war mit kleineren Schwierigkeiten verbunden und hat mehr Zeitaufwand in Anspruch genommen als geplant.

Die Idee der Nutzung des Funktionsbausteins *KNA1_SINGLE_READER* war komplexer als erwartet. Dies hatte den Grund, dass man unter Anderem den *Function Builder* benötigt hat um genügend über den oben genannten Funktionsbaustein zu lernen um diesen richtig einsetzen zu können. Die Vielzahl der unterschiedlichen Funktionsbausteine hat es ebenso erschwert den geeigneten Funktionsbaustein zu finden, da jeder Funktionsbaustein mit dem *Function Builder* analysiert werden musste. Auch die Behandlung der einzelnen Exceptiones hat viel Zeit in Anspruch genommen.

5.3 Fazit

Abschließend kann man festhalten, dass die Entwicklung der *WEB-Dynpro-Technologie* viel Wissenszuwachs mit sich gebracht hat. Auch wenn gerade zu dem Funktionsbaustein *KNA1_SINGLE_READER* nicht ausreichend Informationen im Internet zu finden sind, hatte es den Vorteil, dass man gezwungen war selbständig Lösungen zu finden. So wurde der Debugger benutzt um systematisch und analytisch Schritt für Schritt bei der Problemlösung vorzugehen.

Ich fühle mich mit der Veranstaltung *„ERP in der Praxis"* besser auf die SAP-Berufswelt vorbereitet.

6 Quellenverzeichnis

Schwaiger, Roland / Ofenloch, Dominik (2011): Web Dynpro ABAP. Das umfassende Hand-buch - Referenz zur Standard-UI-Technologie. Bonn (Rheinwerk Verlag GmbH).

SAP AG, SAP ist weltweit Marktführer für ERP, CRM und SCM, Online im Internet, URL: < http://news.sap.com/germany/2006/07/04/sap-ist-weltweit-marktfuhrer-fur-erp-crm-und-scm/ > Abfrage, 12. Februar 2016.

SAP AG, Web Dynpro ABAP, Online im Internet, URL: < https://help.sap.com/saphelp_erp60_sp/helpdata/de/77/3545415ea6f523e10000000a155106 /content.htm> Abfrage, 12.Februar 2016.

SAP AG, Web-Dynpro-Component, Online im Internet, URL: < http://help.sap.com/erp2005_ehp_04/helpdata/de/d6/c62441fa9eaa31e10000000a1550b0/co ntent.htm?frameset=/de/48/444941db42f423e10000000a155106/frameset.htm&current_toc= /de/fc/501b42b5815133e10000000a155106/plain.htm&node_id=32> Abfrage, 12. Februar 2016.

SAP AG, Component-Controller, Online im Internet, URL: < http://help.sap.com/erp2005_ehp_04/helpdata/de/e2/434941db42f423e10000000a155106/co ntent.htm?frameset=/de/1d/5d4941c93f2004e10000000a155106/frameset.htm&current_toc= /de/fc/501b42b5815133e10000000a155106/plain.htm&node_id=40&show_children=false> Abfrage, 12.Februar 2016.

SAP AG, Web-Dynpro-Window, Online im Internet, URL: < http://help.sap.com/erp2005_ehp_04/helpdata/de/1d/5d4941c93f2004e10000000a155106/co ntent.htm> Abfrage, 14.Februar 2016.

SAP AG, Context-Mapping, Online im Internet, URL: < http://help.sap.com/erp2005_ehp_04/helpdata/de/1d/5d4941c93f2004e10000000a155106/co ntent.htm> Abfrage, 16.Februar 2016.

SAP AG, Web-Dynpro-Anwendung, Online im Internet, URL: < . https://help.sap.com/saphelp_nw70ehp2/helpdata/de/48/ef1935669c404ce10000000a42189 b/content.htm > Abfrage, 18.Februar 2016.

Dr. Christoph Siepermann , Enterprise-Resource-Planning-System, Online im Internet, URL: < http://wirtschaftslexikon.gabler.de/Definition/enterprise-resource-planning-system.html > Abfrage, 25. Dezember 2015.